Windows 10 Update

Oktober 2018

Alles zum neuen Herbst-Update

Wolfram Gieseke

Windows 10 Update Oktober 2018

Alles zum neuen Herbst-Update

Alle neuen Funktionen

Neues bei Oberfläche & Einstellungen

Versteckte Änderungen & Details

Die Deutsche Nationalbibliothek verzeichnet diese Publikation in der Deutschen Nationalbibliografie; detaillierte bibliografische Daten unter http://dnb.dnb.de

© 2018 Wolfram Gieseke

Herstellung und Verlag:
BoD – Books on Demand, Norderstedt

ISBN: 978-3-7481-3175-5

Vorwort

Die Entwicklung bei Windows 10 geht stetig weiter. Microsoft bleibt seinem Konzept treu, alle halbe Jahre ein Feature-Update mit neuen und verbesserten Funktionen auszuliefern.

Mit dem Herbst-Update 2018 legt Microsoft nunmehr das sechste dieser Funktions-Updates vor.

Eine der prominentesten Neuerungen dürfte die erweiterte Zwischenablage sein, die man nicht nur lokal nutzen sondern per Cloud auf allen Geräten synchronisieren kann. Die Windows-Benutzeroberfläche wurde an vielen Stellen optimiert und flexibler gestaltet. Auch Edge wurde mit weiteren Funktionen versehen und benutzerfreundlicher gemacht. Handy und Windows-PC wachsen weiter zusammen, so dass man nun auch Bilder und SMS vom Smartphone am PC verwenden kann.

Darüber hinaus gibt es noch eine Vielzahl von kleineren Ergänzungen und Änderungen, die den alltäglichen Umgang mit Windows schneller, effizienter, flexibler oder einfach angenehmer machen.

Wolfram Gieseke

Inhaltsverzeichnis

1. Erweiterte Zwischenablage mit Cloud-Funktion 9

Die erweiterte Zwischenablage aktivieren   10
Die Zwischenablage mit Inhalt füllen   12
Inhalte aus dem Verlauf übernehmen   14
Elemente aus dem Verlauf entfernen   15
Den Zwischenablageverlauf komplett leeren   16
Oft genutzte Elemente im Verlauf anpinnen   16
Verlauf mit anderen Geräten synchronisieren   18

2. Neues in der Windows-Oberfläche 23

Verbesserte Windows-Suche im Startmenü   23
Ordnerkacheln im Startmenü benennen   25
Textgröße per Schieberegler anpassen   27
Dunkler App-Modus für Explorer & Co.   28
Bessere Touch-Tastatur mit SwiftKey   29
Verbesserungen bei der Bildschirmlupe   31
Präzise Leistungsdaten in der Spielleiste   33
Automatische Helligkeit bei Videos   34

3. Windows mit dem Smartphone verbinden 35

Das Smartphone für den PC vorbereiten   35
Den PC für das Smartphone vorbereiten   36
Bilder vom Handy per Cloud auf den PC   38
SMS am PC lesen und schreiben   39

4. Neue Funktionen im Edge-Browser   41
Die Symbolleiste nach Wunsch gestalten   41
Kurze Wege mit der Sprungliste   42
Automatische Wiedergabe unterdrücken   45
Verbesserungen bei der Leseansicht   50
PDFs besser lesen   56
Kategorien in den Einstellungen   57
Edge startet als Standard-Browser automatisch   58

5. Neues und Verändertes in den Einstellungen   61
Einstellungen für HDR-Bildschirme   61
Den Zugriff im Kioskmodus beschränken   63
Audio-Geräte verwalten   66
Datennutzung bei Mobilfunkverbindungen kontrollieren   66
Windows-Sicherheit – mehr als ein neuer Name   67

6. Dies und das – klein, aber fein   69
Neues beim Notepad-Editor   69
Neue App für Bildschirmfotos   72
Updates bei Startproblemen deinstallieren   74
Autovervollständigung im Registry-Editor   75
Stromverbrauch im Task-Manager   76
Akkustand von Bluetooth-Geräten ablesen   77
Speicheroptimierung für lokal verfügbare Cloud-Inhalte   78
Datenträgerbereinigung kann Downloads löschen   80
Genauere Uhrzeit   81

Zum Schluss...   83

Stichwortverzeichnis   84

1. Erweiterte Zwischenablage mit Cloud-Funktion

Mit dem Herbst-Update 2018 erweitert Microsoft die systemweite Windows-Zwischenablage. Wer mit Office arbeitet, kennt von dort meist bereits die grundlegende Idee: Bislang hatte die Windows-Zwischenablage immer genau einen Inhalt. Mit *Bearbeiten/Kopieren* bzw. *Ausschneiden* oder auch **[Strg] + [C]** wurde das aktuell ausgewählte Elemente (Text, Bild usw.) in die Zwischenablage überführt. Mit *Bearbeiten/Einfügen* bzw. **[Strg] + [V]** fügte man den Inhalt der Zwischenablage an der aktuellen Stelle eines Dokuments oder einer App ein. Wenn man später erneut ein Element in die Zwischenablage schickte, wurde der bisherige Inhalt dort durch den neuen ersetzt.

Dieses Prinzip funktioniert auch weiterhin genauso. Allerdings wurde die Zwischenablage um eine Verlaufsfunktion erweitert. Geben Sie nun ein neues Element in die Zwischenablage, wird das bisherige nicht „überschrieben", sondern bleibt im Verlauf erhalten und kann weiterhin in Dokumente eingefügt werden.

Zusätzlich kann dieser Verlauf der Zwischenablage per Cloud zwischen Ihren Geräten synchronisiert werden. Nutzen Sie mehrere Geräten mit demselben Microsoft-Konto, finden Sie auf allen jeweils denselben Zwischenablageverlauf vor und können so auf einfache Art Inhalte von einem Gerät auf ein anderes übertragen.

9

Der Zwischenablageverlauf und Passwörter
Grundsätzlich ist es keine gute Idee, Passwörter in die Zwischenablage zu kopieren. Manchmal macht man es aber eben doch und vor allem Programme zur Passwortverwaltung nutzen diese Möglichkeit, dem Benutzer ein gespeichertes Kennwort so zur Verfügung zu stellen. Solche Passwort-Manager kümmern sich dann meist auch darum, ein Passwort wieder aus der Zwischenablage zu entfernen.

Das Problem: Mit dem Zwischenablageverlauf klappt dieses Entfernen nicht ohne weiteres. Dadurch bleiben Passwörter im Verlauf stehen und werden ggf. sogar auf andere Geräte synchronisiert. Das ist kein „Fehler" des Zwischenablageverlaufs, sondern er arbeitet wie vorgesehen. Denn ein Passwort ist für diese Funktion ein beliebiger Zwischenablageinhalt wie jeder andere auch. Wenn man den Zwischenablageverlauf nutzen will, sollte man sich dieses Problems aber unbedingt bewusst sein.

Fügen Sie also am besten keine Kennwörter in die Zwischenablage ein bzw. löschen Sie diese nach Benutzung direkt wieder. Beim Verwenden eines Passwort-Managers sollten Sie sicherstellen, dass dieser keine unerwünschten Spuren im Zwischenablageverlauf hinterlässt.

Die erweiterte Zwischenablage aktivieren

Standardmäßig ist auch im aktuellen Windows nur die „klassische" Zwischenablage aktiv. Wenn Sie die neuen Erweiterungen nutzen möchten, müssen Sie diese zunächst einmalig aktivieren. Dabei können Sie wählen, ob Sie nur die Verlaufsfunktion oder auch die Cloud-Synchronisierung einschalten möchten.

1. Um den Zwischenablageverlauf zu aktivieren, drücken Sie die Tastenkombination **[Win] + [V]**. Diese können Sie sich schon mal merken, denn sie dient anschließend auch zum Zugriff auf den Verlauf.

2. Noch ist dieser aber nicht aktiv, deshalb zeigt Windows einen entsprechenden Hinweis an. Klicken Sie hier also auf die Schaltfläche *Einschalten*.

3. Windows bestätigt das erfolgreiche Aktivieren der Verlaufsfunktion mit der Meldung *Die Zwischen-*

ablage ist leer. Kopieren wir doch gleich mehrere Elemente hinein.

Die Zwischenablage mit Inhalt füllen

Um den Zwischenablageverlauf mit Inhalten zu füllen, brauchen Sie nichts Besonderes zu beachten. Kopieren Sie einfach wiederholt Elemente in die Zwischenablage. Für einen ersten Test öffnen Sie beispielsweise eine beliebige Webseite. Markieren Sie dort nacheinander verschiedene Textabschnitte oder Bilder, klicken dann jeweils mit der rechten Maustaste darauf und wählen im Kontextmenü den Befehl *Kopieren*.

Drücken Sie dann erneut die Tastenkombination für den Zwischenablageverlauf **[Win] + [V]**. Windows blendet daraufhin einen Dialog mit dem Inhalt des Zwischenablageverlaufs ein. Das Fenster ist nicht groß, so dass auf den ersten Blick nur die neuesten zwei bis drei Einträge zu sehen sind. Aber Sie können sich durch die Liste zurückbewegen und so auch zu älteren Einträgen gelangen.

Tipp: Wählen Sie ein Element im Zwischenablageverlauf aus, um es einzufügen.

Die Grenzen der erweiterten Zwischenablage

Die erweiterte Zwischenablage berücksichtigt einfachen Text, HTML-Inhalte und Bilder, sofern diese maximal ein Megabyte groß sind. Über mehrere Geräte synchronisiert werden nur Inhalte, die weniger als 100 KB umfassen.

Inhalte aus dem Verlauf übernehmen

Das zuletzt an die Zwischenablage gesendete Objekt können Sie wie gewohnt mit **[Strg]** + **[V]** bzw. der entsprechenden *Einfügen*-Menüfunktion verwenden. Wollen Sie stattdessen ein früheres Element einfügen, sind folgende Schritte erforderlich:

1. Holen Sie zunächst wie gewohnt das Dokument, die App oder das Eingabefeld auf den Bildschirm, wo Sie Inhalt einfügen möchten.

2. Platzieren Sie den Mauszeiger beispielsweise an der gewünschten Stelle in einem Dokument oder in dem Eingabefeld, wo der Inhalt genutzt werden soll.

3. Drücken Sie nun **[Win]** + **[V]**, um den Dialog des Zwischenablageverlaufs zu öffnen.

4. Wird dieser auf dem Bildschirm angezeigt, ist darin automatisch das zuletzt hinzugefügte Element ausgewählt. Sie haben nun zwei Möglichkeiten:

   - Verwenden Sie die Maus (bzw. die entsprechenden Touch-Gesten), um im Verlauf das gewünschte Objekt zu lokalisieren. Klicken bzw. tippen Sie dessen Eintrag einfach an, um es an der zuvor gewählten Stelle in Ihr Dokument oder Ihre App einzufügen.

   - Eine sehr praktische Alternative ist die Tastensteuerung des Verlaufs. Bewegen Sie sich mit **[Pfeil runter]** und **[Pfeil hoch]** in der Verlaufsliste zum gewünschten Objekt. Ist dieses ausgewählt, drücken Sie **[Eingabe]**, um es in App oder Dokument zu übernehmen.

Elemente aus dem Verlauf entfernen

Damit es in der erweiterten Zwischenablage nicht zu unübersichtlich wird, können Sie Inhalte, die Sie voraussichtlich ohnehin nicht mehr benötigen, aus dem Verlauf entfernen.

Zu diesem Zweck finden Sie bei jedem ausgewählten Element im Verlauf oben rechts ein X-Symbol. Mit einem Tipp darauf wird dieses Element aus dem Verlauf entfernt. Selbstverständlich wird es später trotzdem wieder aufgenommen, wenn Sie es  erneut kopieren oder ausschneiden. Ein dauerhaftes Blockieren bestimmter Inhalt ist bislang nicht vorgesehen.

Den Zwischenablageverlauf komplett leeren

Sie haben auch die Möglichkeit, alle derzeit im Zwischenablageverlauf enthaltenen Elemente auf einen Schlag zu entfernen. So können Sie mal wieder gründlich aufräumen oder die Menge der mit anderen Geräten zu synchronisierenden Daten minimieren.

1. Öffnen Sie dazu mit **[Win] + [V]** den Zwischenablageverlauf.

2. Klicken oder tippen Sie dann oben rechts in diesem Dialog auf *Alle löschen*.

3. Daraufhin wird der gesamte Verlauf ohne weitere Rückfrage geleert.

Ausnahmen: Elemente, die Sie wie im Folgenden beschrieben im Zwischenablageverlauf anheften, bleiben beim Löschen erhalten.

Oft genutzte Elemente im Verlauf anpinnen

Es gibt noch eine weitere Funktion der Verlaufsanzeige, die sich für Sie als nützlich erweisen könnte. Vielleicht verwenden Sie einen bestimmten Text oder ein bestimmtes Bild regelmäßig. Dann wäre es praktisch, wenn Sie es jederzeit einfach aus dem Zwischenablageverlauf abrufen könnten, anstatt es jedes Mal erst kopieren zu müssen. Das geht, wenn Sie dieses Element im Verlauf anpinnen.

1. Fügen Sie das gewünschte Element zunächst in die Zwischenablage ein, wenn es nicht ohnehin im Verlauf zu finden ist.

2. Öffnen Sie dann mit **[Win]** + **[V]** den Verlauf und wählen Sie das gewünschten Element aus, so dass es hervorgehoben wird.

3. Unterhalb des X-Symbols zum Löschen finden Sie auch ein Stecknadelsymbol, wie Sie es beispielsweise aus den Schnellzugriffsleisten für die Symbole der Taskleiste kennen.

4. Klicken oder tippen Sie auf die Stecknadel, um dieses Element dauerhaft am Verlauf  anzuheften. Das Stecknadelsymbol wird bei angehefteten Symbolen nicht mehr horizontal sondern schräg angezeigt.

Ein auf diese Weise angeheftetes Element bleibt dauerhaft im Verlauf gespeichert. Das gilt auch, wenn Sie den PC ausschalten oder wenn Sie den Zwischenablageverlauf wie vorangehend beschrieben löschen.

Angeheftete Elemente entfernen

Sie möchten ein angeheftetes Element irgendwann doch wieder loswerden? Klicken Sie einfach erneut auf das Stecknadelsymbol und lösen Sie so die virtuelle Heftklammer. Ab sofort wird das Element wie jedes andere behandelt und spätestens beim nächsten Leeren des Verlaufs mit gelöscht. Alternativ können Sie auch angepinnte Elemente jederzeit löschen.

Verlauf mit anderen Geräten synchronisieren

Für Bildschirmarbeiter ist der Zwischenablageverlauf auch auf einem einzelnen PC schon eine praktische Sache. Wenn Sie aber wechselnd mit mehreren Geräten arbeiten, dann gewinnt der erweiterte Verlauf durch die Möglichkeit des Synchronisierens nochmal erheblich an Reiz.

So können Sie beispielsweise am Notebook oder Tablet eine Internetadresse oder einen Text in die Zwischenablage einfügen. Wenn Sie später am PC den Zwischenablageverlauf öffnen, finden Sie dieses Element dort vor und können es am PC weiternutzen. Auch Bilder lassen sich so auf die Schnelle von einem Gerät zum anderen übertragen, ohne gleich OneDrive oder ähnliche Cloud-Dienste in Anspruch nehmen zu müssen.

Die Voraussetzungen fürs Synchronisieren

Damit der Zwischenablageverlauf synchronisiert wird, müssen Sie bei allen beteiligten Geräten mit demselben Microsoft-Konto angemeldet sein. Außerdem muss diese Funktion auf allen Geräten einmalig aktiviert werden. Das gibt Ihnen aber auch die Möglichkeit, das Synchronisieren gezielt auf bestimmte Geräte zu beschränken.

Das Online-Synchronisieren aktivieren

Die Optionen zum Steuern der erweiterten Zwischenablage finden Sie in den modernen Einstellungen unter *System/Zwischenablage*.

- Mit der oberen Einstellung *Zwischenablageverlauf* steuern Sie den erweiterten Verlauf insgesamt. Wenn Sie die Verlaufsfunktion gar nicht nutzen möchten, sollten Sie sie hier auf *Aus* stellen. Damit sparen Sie (etwas) Speicher.

- Soll der Verlauf auf diesem Gerät mit anderen Geräten abgeglichen werden, stellen Sie den Schalter im Abschnitt *Auf allen Geräten synchronisieren* auf *Ein*. Dann synchronisiert Windows den Verlauf mit allen Ihren Geräten, die dasselbe Microsoft-Konto verwenden und bei denen Sie diese Funktion ebenfalls eingeschaltet haben.

19

Nur ausgewählte Inhalte synchronisieren

Wenn Sie das Synchronisieren einschalten, werden in den Einstellungen zwei weitere Optionen angezeigt, mit denen Sie je nach Vorliebe zwei verschiedene Herangehensweisen wählen können:

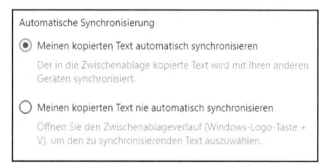

> *Meinen kopierten Text automatisch synchronisieren*: Alle Elemente, die Sie auf diesem Gerät in die Zwischenablage übernehmen, werden automa-

tisch auf alle anderen Geräte synchronisiert. Das ist das standardmäßig eingestellte Verhalten.

> *Meinen kopierten Text nie automatisch synchronisieren*: Bei dieser Variante wird stan-

dardmäßig nichts synchronisiert. Dafür finden Sie an jedem Element im Zwischenablageverlauf ein zusätzliches Wolkensymbol. Mit einem Klick darauf geben Sie dieses Element für das Synchronisieren in den Verlauf Ihrer anderen Geräte frei.

Hinweis: Die Benennung dieser Optionen ist etwas irreführend. Sie gelten nicht nur für Texte, sondern genauso für andere Elemente wie etwa Bilder.

Den Verlauf auf allen Geräten löschen

Wie bereits beschrieben können Sie den Zwischenablageverlauf auf jedem Gerät direkt im Verlaufsdialog leeren. Das wirkt sich aber immer nur auf das jeweilige Gerät aus. Die Einstellungen bieten Ihnen zusätzlich die bequeme Möglichkeit, den Verlauf auf allen „angeschlossenen" Geräten aufzuräumen. Klicken Sie dazu unter *System/Zwischenablage* ganz unten im Abschnitt *Zwischenablagedaten löschen* auf die *Löschen*-Schaltfläche. Dann werden die Verlaufsdaten der

Zwischenablage auf allen Geräten geleert, die mit demselben Microsoft-Konto verbunden sind. Das gilt allerdings nicht für Elemente, die an den Verlauf an-geheftet sind.

2. Neues in der Windows-Oberfläche

Auch auf der Oberfläche bzw. bei den Möglichkeiten, das Erscheinungsbild von Windows zu gestalten hat sich wieder mal hier und da etwas getan. Keine revolutionären Neuerungen, aber die Windows-Suche in der Taskleiste etwa ist nun deutlich benutzerfreundlicher und die Darstellung von Farben und Texten lässt sich noch einfacher und individueller gestalten.

Verbesserte Windows-Suche im Startmenü

Für das neue Update hat Microsoft den Suchdialog im Startmenü optisch überarbeitet. Funktionell gibt es dabei nicht viel neues, aber die bereits vorhandenen Funktionen wurde ansprechender gestaltet und leichter zugänglich gemacht. So finden sich wichtige Befehle nun nicht mehr in Kontextmenüs versteckt, sondern werden dem Benutzer anschaulich präsentiert. Idealerweise führt dies dazu, dass man immer häufiger auf Explorer & Co. verzichten kann und einfache Aufgaben direkt aus dem Startmenü erledigt.

> Die erste Veränderungen fällt direkt ins Auge, sowie Sie einen ersten Buchstaben ins Suchfeld eintippen: Am oberen Rand des Dialogs finden Sie anstatt einiger kryptischer Symbole nun klare Bezeichnungen für die wichtigsten Rubriken, mit denen Sie die Suchergebnisse filtern können. Mit *Mehr* klappt eine Zusatzliste mit weiteren Filtern auf.

23

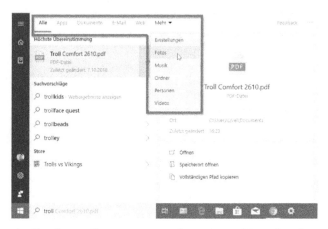

▷ Außerdem gibt es nun rechts einen Vorschaubereich, der je nach ausgewähltem Element anders genutzt wird. Bei lokalen Dokumenten und Programmen finden Sie eine kleine Vorschau und darunter die wichtigsten Funktionen, die Sie ausführen können, so etwa *Speicherort öffnen*, um den Ordner eine Datei im Explorer anzuzeigen.

▷ Sehr nützlich kann der rechte Bereich auch bei Programmen sein, da sich hier dann viele zusätzliche Funktionen wie *Als Administrator öffnen*, *An Taskleiste anheften* oder *Deinstallieren* finden.

▷ Wenn Sie eine App öffnen möchten, die Sprunglisten in der Taskleiste unterstützt, dann zeigt der Such-dialog den Inhalt der Sprungliste an. Da Edge nun auch Sprunglis-ten unterstützt, finden Sie so ne-ben wichtigen Befehlen auch die Liste der bes-ten Websites im Vorschaubereich.

Microsoft Edge

Von Microsoft empfohlener Browser

◻ Öffnen

Neues Fenster

Neues InPrivate-Fenster

Beste Websites

a Amazon.de

YouTube

MSN

Outlook

▷ Ebenfalls neu ist eine 3-Punkte-Schaltfläche oben rechts im Suchdialog. Diese öffnen ein Menü, das allerdings nur den Punkt *Indizierungsoptionen* ent-hält. Der führt in den bereits bekannten Einstel-lungsdialog.

Ordnerkacheln im Startmenü benennen

Schon länger gibt es die Möglichkeit, Kacheln im Startmenü in Ordner zusammenzufassen. Zusam-mengeklappt teilen sich mehrere Apps so eine Kachel und sorgen für ein schlankes, übersichtliches Start-menü. Bei Bedarf klappt man sie aus und kann dann eine der enthaltenen Apps öffnen. Was bislang fehlte, war die Möglichkeit, diesen Ordnerkacheln eigene Namen zu geben, um sie so auf einen Blick erkennen zu können. Ab sofort sind solche Namen möglich.

1. Wenn Sie einen solchen Ordner im Startmenü ausklappen, finden Sie oberhalb der enthaltenen Kacheln eine Namenszeile mit dem Text *Ordner benennen*.

2. Tippen oder klicken Sie diesen Text an, um ihn durch eine beliebige eigene Bezeichnung zu ersetzen.

3. Wenn Sie den Ordner anschließend wieder einklappen, wird die Bezeichnung auch in der Kachel selbst angezeigt.

Textgröße per Schieberegler anpassen

Die Größe von Text auf der Oberfläche ließ sich bislang nur in wenigen großen Schritten zwischen 100% und 175% verändern. Ab sofort erlaubt ein Schieberegler eine stufenlose Wahl bis zu 225%.

1. Öffnen Sie die Einstellungen in der Rubrik *Erleichterte Bedienung/Anzeige*.

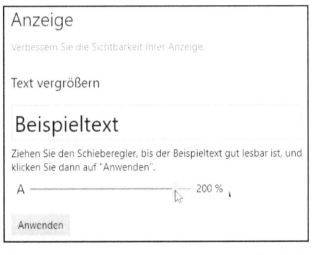

2. Hier finden Sie rechts ganz oben den Abschnitt *Text vergrößern*. Mit dem Schieberegler wählen Sie den gewünschten Skalierungsfaktor.

3. Darüber können Sie am Beispieltext ablesen, wie groß der Text auf Ihrem Bildschirm dargestellt würde.

4. Wenn Sie zufrieden sind, klicken Sie auf *Anwenden*.

5. Es dauert dann nur wenige Sekunden, bis Windows die Textskalierung auf die neue Vergrößerung umstellt.

Wie immer gilt beim Skalieren von Bildschirmtext, dass es bei sehr großen Zoomstufen zu Problemen mit fehlenden Texten oder Bedienelemente kommen kann.

Dunkler App-Modus für Explorer & Co.

Nichts wirklich Neues ist die dunkle Farbgebung für Apps. Statt dunkel auf hell werden die Inhalte hell auf dunkel dargestellt. In manchen Umgebungen und insbesondere bei mobilen Geräten wird das oft als angenehmer empfunden. Die Option dafür findet sich unverändert in den modernen Einstellungen unter *Personalisierung/Farben* im Abschnitt *Weitere Optionen* unter *Standard-App-Modus auswählen*.

Neu ist, dass diese Einstellung sich nun auf weitere der mitgelieferten System-Programme auswirkt, insbesondere den Datei-Explorer. Auch dieser wird nun auf Wunsch im Dunkel-Design angezeigt. Allerdings gilt dies nicht überall. Spezielle Funktionen wie etwa die Systemsteuerung, die ebenfalls den Explorer zur Darstellung nutzt, bleiben von der Einstellung unbeeindruckt.

Bessere Touch-Tastatur mit SwiftKey

SwiftKey ist eine Technologie für das automatische Vorhersagen und Vervollständigen bzw. Korrigieren von Wörtern bei der Eingabe per Bildschirmtastatur. Sie verwendet fortschrittliche Verfahren wie neuronale Netze, durch die sie aus vorherigen Eingaben „lernt" und sich so immer besser an den Benutzer anpasst. Auf Android- und iOS-Mobilgeräten ist diese Technologie schon länger verfügbar. Nachdem Microsoft die Entwicklerfirma übernommen hat, wurde SwiftKey nun auch in Windows 10 integriert und kommt bei Verwendung der Bildschirmtastatur automatisch zum Einsatz.

SwiftKey arbeitet „unter der Haube", so dass Sie allenfalls feststellen werden, dass eingetippte Wörter nach und nach immer schneller und zuverlässiger erkannt werden und Sie weniger zu tippen haben. Sollte SwiftKey nicht in Ihrem Sinn arbeiten, können Sie die Verwendung deaktivieren und wieder die klassische Methode verwenden. Wer verschiedene

Sprachen in Windows 10 installiert hat, kann Swift-Key für jede einzel ein- oder ausschalten.

1. Öffnen Sie in den modernen Einstellungen die Rubrik *Geräte/Eingabe*.

2. Klicken Sie rechts im Abschnitt *Weitere Tastatureinstellungen* auf *Vorschläge und automatische Korrekturen*.

3. Im so geöffneten Dialog können Sie für jede installierte Sprache einzeln steuern, ob diese SwiftKey nutzen soll oder nicht.

Eingabestatistik überprüfen

Wenn Sie wissen möchten, wie hilfreich die KI-Funktionen von SwiftKey tatsächlich sind, werfen Sie einen Blick in die Statistiken, die Microsoft in den modernen Einstellungen unter *Geräte/Eingabe* und dort dem Link *Eingabevorhersage* versteckt hat. Hier können Sie genau ablesen, wie häufig Sie die Automatik schon genutzt und wieviele Tastenanschläge Sie dadurch gespart haben.

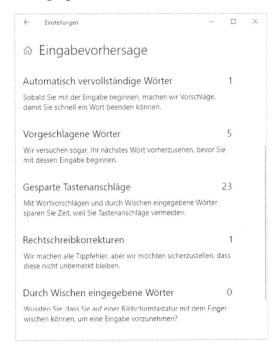

Verbesserungen bei der Bildschirmlupe

Die Bildschirmlupe gehört zu den unterschätzten Funktionen von Windows, die von viel mehr Anwendern genutzt werden, als man das zunächst denken könnte. Das legen zumindest die Rückmeldungen und Fragen nahe, die ich immer wieder von Lesern bekomme. Insofern ist es erfreulich, dass Microsoft auch dieser Funktion Verbesserungen hat angedeihen lassen. (Hinweis: Falls Ihnen „Bildschirmlupe" gar nichts sagt, drücken Sie einfach mal **[Win] + [+]**.)

1. Die Optionen für die Bildschirmlupe finden Sie in den modernen Einstellungen unter *Erleichterte Bedienung/Bildschirmlupe*.

2. Hier stehen auf der rechten Seite bei *Ändert Zoomintervalle* nun zusätzlich die Stufen *5 %* und *10 %* zur Auswahl. Damit sind sehr feine Abstufungen der Lupenvergrößerung möglich.

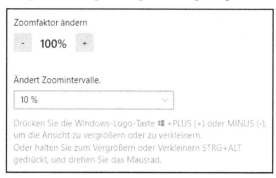

3. Außerdem können Sie ganz unten mit der Einstellung *Mauszeiger halten* nun festlegen, dass der Mauszeiger immer *Im Zentrum des Bildschirms* bleiben soll. Probieren Sie aus, ob Sie sich in diesem Modus besser orientieren können.

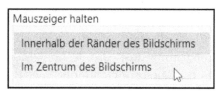

Präzise Leistungsdaten in der Spielleiste

Wie auch schon zuvor können Sie mit der Tasten-kombination **[Win] + [G]** jederzeit die Spielleiste ein-blenden, was vor allem aber nicht nur für Spieler inte-ressant ist. Diese sieht nun aber nicht nur anders aus, sondern bietet auch zusätzliche Funktionen.

Sehr praktisch sind dabei insbesondere die neuen Möglich-keiten zur direkten Steuerung der Lau-stärke. Dadurch können Sie nicht nur das Klangniveau insgesamt einstellen, sondern auch den Pegel einzelner lau-fender Anwendun-gen anpassen.

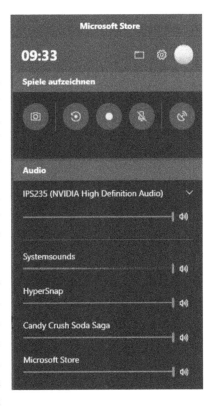

Vor allem Spieler werden sich außer-dem für die Leis-tungsdaten interes-sieren, die sie nun bei entsprechenden Spielen jederzeit in der Spielleiste sehen können. Dazu gehören die aktu-elle Framerate sowie die Auslastung für Prozessor, Arbeitsspeicher und Grafikkarte.

Automatische Helligkeit bei Videos

Wenn Ihr Tablet oder Notebook über einen Hellig-
keitssensor verfügt, kann Windows die Leuchtstärke
des Bildschirms beim Wiedergeben von Videos nun
automatisch an die Umgebungshelligkeit anpassen. In
diesem Fall finden Sie in den modernen Einstellungen
unter *Apps/Videowiedergabe* den Schalter *Video basierend
auf Beleuchtung anpassen,* mit dem Sie diese Funktion
steuern können.

3. Windows mit dem Smartphone verbinden

Schon mit den zurückliegenden Funktions-Updates ließ sich Windows mit Smartphones synchronisieren. Die bislang eher bescheidenen Möglichkeiten wurden nun ausgebaut, so dass beispielsweise die mit dem Smartphone geknipsten Bilder auf dem Windows-PCs landen, ohne dass Sie jeweils etwas dafür tun müssten. Vorläufig ist das Synchronisieren von Bildern allerdings nur für Android Smartphones verfügbar, iOS-Nutzer müssen sich noch etwas gedulden.

Das Smartphone für den PC vorbereiten

Damit Ihr Smartphone sich mit dem Windows-PC verbindet, ist weiterhin eine Begleiter-App auf dem Mobiltelefon erforderlich. Die finden Sie kostenlos im jeweiligen Store für Android- und iOS-Geräte. Die Namen unterscheiden sich, aber wenn Sie nach „Ihr Smartphone" suchen, sollten Sie sie schnell finden.

1. Beim ersten Start müssen Sie der App bestimmte Zugriffsrechte etwa auf die Fotogalerie und die Nachrichten Ihres Smartphones

Zulassen, dass die App **Ihr Begleiter für Telefon** auf Fotos, Medien und Dateien auf deinem Gerät zugreifen darf?

1 von 4   ABLEHNEN   ZULASSEN

35

genehmigen, damit Sie diese Funktionen auch am PC nutzen können.

2. Melden Sie sich dann in der App beim selben Microsoft-Konto an, dass Sie auch für Ihren Windows-PC verwenden.

3. Anschließend ist die App auf Ihrem Smartphone aktiv und bedarf keiner weiteren Schritte. Sie können allerdings in den Einstellungen der App einige Optionen verändern, wenn Sie beispielsweise Benachrichtigungen deaktivieren möchten.

Den PC für das Smartphone vorbereiten

Richten Sie zunächst auf dem PC alles für das Synchronisieren mit dem Mobiltelefon ein (falls Sie dies nicht bereits früher erledigt haben):

1. Öffnen Sie in den modernen Einstellungen die Rubrik *Telefon* und klicken Sie hier auf *Mobiltelefon hinzufügen*.

2. Klicken Sie dann auf *Anmelden*, um sich mit Ihrem Microsoft-Konto zu verbinden oder ggf. ein anderes Konto zu wählen.

3. Klicken Sie im nächsten Schritt auf *Smartphone verknüpfen* und geben Sie dann die Mobilfunknummer des Smartphones ein. Die passende Landesvorwahl wird automatisch eingefügt, so dass Sie nur die vollständige Rufnummer ohne führende 0 anzugeben brauchen.

4. Microsoft sendet nun eine SMS an diese Nummer.

5. Nehmen Sie dann das Smartphone zur Hand und warten Sie, bis die SMS eintrifft. Üblicherweise dauert das nur einige Sekunden.

6. Bestätigen Sie dann auf Rückfrage die Verbindung des Smartphones zum Windows-PC.

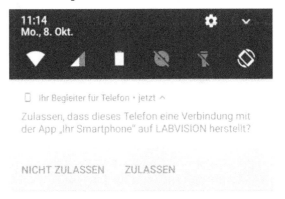

Bilder vom Handy per Cloud auf den PC

Ist die Verbindung zwischen Telefon und Windows-PC einmal eingerichtet, können Sie am PC jederzeit Zugriff auf die Fotos Ihres Mobiltelefons nehmen.

1. Starten Sie am PC die App *Ihr Smartphone*. Diese finden Sie nach dem Funktions-Update als Symbol dafür auf dem Desktop. Ansonsten tippen Sie im Suchfeld der Taskleiste „smart" ein.

2. Klicken Sie am linken Rand im Navigationsbereich auf das Bildersymbol.

3. Damit öffnen Sie die Rubrik *Neueste Fotos*, wo Sie die Bilder Ihres Mobilgerätes vorfinden.

4. Durch einfaches Anklicken können Sie einzelne Bilder in der Fotos-App oder auch in einer anderen App öffnen (die Details regeln die systemweiten Einstellungen für Standard-Apps.).

5. Mit der rechten Maustaste können Sie Bilder auch in die Zwischenablage übernehmen oder mittels der Freigeben-Funktion über andere Apps teilen.

SMS am PC lesen und schreiben

Mit der Sprechblase unterhalb des Bildersymbols können Sie auf die SMS-Nachrichten Ihres Smartphones zugreifen. Sie sehen dann die zuletzt eingegangenen Nachrichten am Bildschirm. Mit der Schaltfläche *Neue Nachricht* können Sie am PC bequem Botschaften verfassen und dann vom Handy versenden lassen.

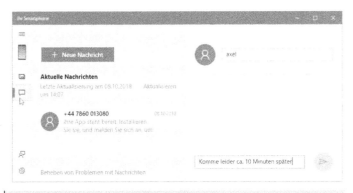

Webseiten am PC weiterlesen
Weiterhin vorhanden ist die bereits mit dem letzten Herbstupdate eingeführte Funktion, Webseiten vom Mobilgeräte mit dem PC zu synchronisieren, um sie dort weiterlesen zu können. Daran hat sich nichts geändert, weshalb sie hier nicht weiter beschrieben wird. Nur kurz: Sie verwenden dafür aus dem Webbrowser des Smartphones heraus die Teilen-Funktion und wählen als Ziel *Weiter auf dem PC*.

4. Neue Funktionen im Edge-Browser

Der Edge-Webbrowser ist und bleibt die Vorzeige-App von Microsoft und wird mit jedem Funktions-Update überarbeitet und weiter entwickelt. Diesmal wurden unter anderem die Steuerung der automatischen Wiedergabe und die praktische Leseansicht verbessert sowie die Einstellungen gefälliger gestaltet. Außerdem beherrscht Edge nun endlich Sprunglisten für sein Symbol in der Taskleiste.

Die Symbolleiste nach Wunsch gestalten

Neu ist auch die Möglichkeit, die Symbolleiste von Edge den eigenen Vorlieben anzupassen. Bislang war diese praktisch fest vorgegeben. Ab sofort können Sie – zumindest teilweise – festlegen, welche Symbole Sie dort sehen möchten. Der genaue Ort und die Reihenfolge sind allerdings weiter vorgegeben

1. Öffnen Sie dazu in Edge das Menü mit dem 3-Punkte-Symbol oben rechts.

2. Wählen Sie im Menü den Eintrag *In Symbolleiste anzeigen*.

3. Damit wird ein Untermenü mit den möglichen Elementen der Symbolleiste angezeigt. Die mit einem Häkchen sind derzeit sichtbarer Teil der Leiste.

4. Entfernen Sie die Häkchen bei Elementen, die Sie nicht benötigen mit einem einfachen Mausklick.

Ebenso können Sie Häkchen bei erwünschten Elementen setzen.

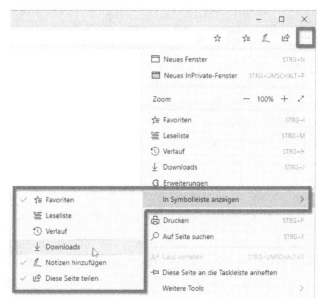

5. Leider schließt sich das Menü bei jedem Maus-klick, so dass Sie den gesamten Vorgang ggf. mehrfach wiederholen müssen, bis die Symbol-leiste genau Ihren Wünschen entspricht.

Kurze Wege mit der Sprungliste

Sprunglisten sind an sich ein alter Hut bei Windows: Klickt man mit der rechten Maustaste auf das Symbol einer Anwendung in der Taskleiste, wird ein Kon-textmenü mit wichtigen Funktionen angezeigt. Han-delt es sich um einen Webbrowser, findet man außer-dem eine Liste häufig besuchter Webseiten, die man so schnell wieder abrufen kann. Das können Firefox, Chrome und sogar der gute alte Internet Explorer schon lange, nur Edge war bislang die unrühmliche Ausnahme. Hier fanden sich im Kontextmenü nur ein paar Grundfunktionen wie *Neues Fenster*.

Mit dem Herbst-Update ändert sich dies und Edge zeigt nun wie andere Webbrowser auch die meistbesuchten Webseiten in einer Sprungliste an. Um diese zu verwenden, brauchen Sie nur mit der rechten Maustaste auf das Edge-Symbol in der Taskleiste zu klicken. Das funktioniert jederzeit, egal ob Edge bereits gestartet ist oder nicht.

Anfangs ist diese Liste mit Vorschlägen von Microsoft gefüllt. Wenn Sie etwas Geduld haben, werden hier aber nach und nach die Websites auftauchen, die Sie am häufigsten besuchen.

Wichtige Websites an die Liste anheften

Wie Sie es vielleicht von Sprunglisten gewohnt sind, können Sie einzelne Einträge dauerhaft an diese Liste anheften. Sie werden dann oben in einem eigenen Abschnitt *Angeheftet* angezeigt. Vor allem aber verbleiben sie dauerhaft in der Liste und werden nicht irgendwann wieder entfernt, wenn Sie andere Webseiten häufiger besuchen.

1. Damit das Anheften möglich ist, muss die Webseite zunächst in der Liste *Beste Websites* angezeigt werden. Sie müssen also ggf. etwas Geduld haben.

2. Wird die gewünschte Webseite bereits in der Sprungliste angezeigt, bewegen Sie den Mauszeiger auf den Eintrag. Dadurch wird am rechten Ende der  Zeile ein Stecknadelsymbol eingeblendet.

3. Klicken Sie auf dieses Symbol, um den Eintrag anzuheften.

Bei Touch-Bedienung tippen Sie lang auf den Eintrag, bis das Kontextmenü angezeigt wird und wählen Sie dort *An diese Liste anheften*.

Webseiten aus der Sprungliste verbannen

Eventuell tauchen in der Sprungliste auch mal Webseiten auf, die Sie dort nicht benötigen oder aus anderen Gründen nicht haben möchten. Dann können Sie diese aus der Liste verbannen. Sie wird dann entfernt und auch in Zukunft nicht wieder eingefügt.

1. Öffnen Sie dazu die Sprungliste.

2. Klicken Sie mit der rechten Maustaste auf den Eintrag, den Sie entfernen möchten. Bei Touch-Bedienung tippen Sie ihn lange an.

3. Im so geöffneten Kontextmenü wählen Sie die Funktion *Aus dieser Liste entfernen*. Das Element wird dann ohne Rückfrage entfernt.

Automatische Wiedergabe unterdrücken

Schon seit Anbeginn des Web nerven Webseiten, die beim Öffnen automatisch Klänge oder Videos abspielen. Gerade wenn der Lautstärkeregler recht hoch eingestellt ist, kann man einen ordentlichen Schreck oder ggf. Ärger mit dem Büronachbarn bekommen.

Um solche Situationen zu vermeiden, bringt Edge nun die Möglichkeit mit, die automatische Audio- und Videowiedergabe in Webseiten zu blockieren oder zumindest auf ein erträgliches Maß zu beschränken. Auf die Wiedergabe müssen Sie deshalb auch nicht grundsätzlich verzichten. Sie startet aber erst, wenn Sie das entsprechende Element einer Webseite angeklickt haben.

Globale Autoplay-Einstellungen

In den Einstellungen von Edge finden Sie die Möglichkeit, die automatische Wiedergabe global zu steuern. Diese Optionen gelten immer, solange für eine Webseite keine abweichenden Einstellungen festgelegt sind (siehe nachfolgender Abschnitt).

1. Öffnen Sie die Einstellungen und wechseln Sie dort in die Rubrik *Erweitert*.

2. Hier finden Sie den Abschnitt *Automatisch Medienwiedergabe* mit einem Auswahlfeld, wo Sie eine von drei möglichen Optionen einstellen können:

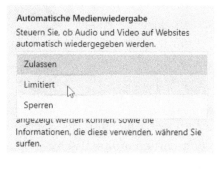

Zulassen: Wenn eine Webseite Audio- und/oder Videoelemente enthält, die beim Öffnen automatisch abgespielt werden sollen, tut Edge dies.

Limitiert: In diesem Modus blockiert Edge alle Multimediaelemente mit Audioausgabe. Videos ohne Ton hingegen werden abgespielt.

Sperren: Sämtliche Audio- und Videoelemente werden zunächst angehalten. Sie können einzelne angehaltene Elemente aber jederzeit anklicken und damit die Wiedergabe starten.

Die neue Einstellung tritt direkt mit dem Ändern des Feldes in Kraft.

Abweichende Einstellungen für Webseiten

Die vorangehend vorgestellte globale Einstellung gilt für alle Webseiten, die Sie besuchen. Sie können aber zusätzlich für jede Webseite (genauer gesagt für jede Domäne) eigene Einstellungen festlegen, die davon abweichen können. Diese merkt Edge sich und wendet sie automatisch immer wieder für diese Seiten an.

Dies ermöglicht Ihnen zwei verschiedene Herangehensweisen:

Wenn Sie allgemein keine großen Probleme mit der automatischen Wiedergabe haben, können Sie diese global weiterhin zulassen. Wenn einzelne Anbieter sich daneben benehmen, nutzen Sie die domänen-spezifischen Einstellungen, um Ruhe zu haben.

▷ Wenn Sie sehr empfindlich in Bezug auf automatische Wiedergabe sind, blockieren Sie diese mit den globalen Einstellungen erstmal grundsätzlich. Dann können Sie für einzelne Adressen Ausnahmen machen, wo die Wiedergabe Sie nicht stört oder wo Seiten eventuell bei blockierter Wiedergabe nicht ordnungsgemäß funktionieren.

Die so gewählte spezifische Einstellung gilt für alle Webseiten mit derselben Domäne. Wenn Sie sich beispielsweise gerade auf *ww.gieseke-buch.de/gedition-de* befinden, gilt die abweichende Einstellung für alle Seiten der Domäne *www.gieseke-buch.de*. Wann immer Sie in Zukunft eine Seite dieser Domäne aufrufen, wendet Edge automatisch die spezifischen Einstellungen an.

Um für eine bestimmte Webseite abweichende Wiedergabeeinstellungen vorzunehmen, gehen Sie wie folgt vor:

1. Öffnen Sie die Webseite in Edge.

2. Klicken Sie dann im Adressfeld auf das Info- bzw. Schlosssymbol links neben der Webadresse.

3. Im so geöffneten Dialog finden Sie unten den Abschnitt *Websiteberichtigungen* und darin ein Auswahlfeld mit den vorgestellten drei Optionen *Zulassen*, *Limitiert* und *Sperren*.

4. Wählen Sie die für diese Webseite gewünschte Option, wenn Sie von der globalen Einstellung abweichen soll.

5. Wichtig: Die Änderung kann sich erst auswirken, wenn Sie die Webseite neu laden.

Um einmal vorgenommene spezifische Webseiteneinstellungen zu ändern, öffnen Sie erneut die Edge-Einstellungen für die *Automatische Medienwiedergabe* und klicken unter *Websiteberechtigungen* auf *Berechtigungen verwalten*. Hier sind alle Webseiten aufgeführt, für die es spezielle Einstellungen gibt. Sie können diese Einträge anklicken, um die Einstellungen zu ändern. Oder Sie klicken auf das kleine *x*-Symbol, um die Ausnahmeregeln für diese Webseite zu entfernen. Dann gelten bei zukünftigen Besuchen wieder die globalen Regeln.

Verbesserungen bei der Leseansicht

Schon seit längerem bietet Edge eine Leseansicht, die sich besonders dafür eignet, längere Artikel am Bildschirm konzentriert zu studieren. Dafür werden unnötige Ablenkungen ausgeblendet und eine besonders augenfreundliche Darstellung gewählt. Dieser Leseansicht wurden nun weitere Einstellmöglichkeiten und Funktionen hinzugefügt, mit denen man die Darstellung individuell anpassen und noch konzentrierter lesen kann.

Eingebautes Wörterbuch

Eine praktische neue Funktion, die nicht auf den ersten Blick auffällt, ist das integrierte Wörterbuch:

Wenn Sie in der Leseansicht ein Wort markieren (am schnellsten durch einen Doppelklick), wird automatisch ein Hinweis mit einer kurzen Erklärung

dieses Wortes eingeblendet. Sollte Ihnen die kurze Erläuterung nicht genügend, klicken Sie unten rechts auf *mehr*, um in einer Seitenleiste am rechten Rand eine ausführlichere Darstellung anzusehen.

Als Informationsquelle für deutschsprachige Texte nutzt Edge die „OxfordDictionaries" von PONS. Wenn die bei sehr spezielle Fachbegriffen oder zu-

sammengesetzten Wörtern mal nicht weiterwissen, erhalten Sie die Möglichkeit, stattdessen eine Websuche nach diesem Begriff durchzuführen.

Zusätzliche Designs für die Leseansicht

Bislang kannte die Leseansicht nur drei verschiedene Darstellungsvarianten: schwarzer Text auf weißem

Grund, weißer Text auf schwarzen Grund sowie schwarzer Text auf cremefarbenem Grund. Ab sofort können Sie das Erscheinungsbild der Leseansicht wesentlich kreativer gestalten.

1. Wechseln Sie dazu zunächst wie gewohnt mit dem Symbol rechts im Adressfeld zur Leseansicht (oder **[Strg] + [Umschalt] + [R]**).

2. Wird die Symbolleiste nicht standardmäßig angezeigt, tippen oder klicken Sie mit der linken Maustaste irgendwo auf den Text.

3. Die Symbolleiste weist nun nicht nur Symbole auf, sondern ergänzt die meisten mit einer kurzen Beschreibung. Klicken Sie auf *Textoptionen*.

4. Das so geöffnete Untermenü ähnelt der bisherigen Version sehr. Allerdings fehlt die Einstellung des Textabstands, die nun an eine andere Stelle gerückt ist. Bei den Seitendesigns finden Sie nun zu-

sätzlich die Variante schwarze Schrift auf grauem Grund.

5. Es geht aber noch mehr, wenn Sie in der Symbolleiste auf *Lerntools* klicken.

6. In diesem Untermenü finden Sie in der Rubrik *Textoptionen* oben zunächst die Einstellung für den *Textabstand* in neuer Form wieder.

7. Darunter im Abschnitt *Seitendesigns* sind nun eine Vielzahl von farblich abgestuften Darstellungsvarianten für die Leseansicht aufgeführt. Mit einem Mausklick auf eine wird diese direkt aktiviert, so dass Sie die verschiedenen Farbkombinationen gut ausprobieren können.

Grammatiktools herunterladen

Die Rubrik *Grammatiktools* befand sich bislang als eigenständiges Symbol direkt in der Symbolleiste. Außerdem ist sie nun standardmäßig leer bzw. enthält einen Link zum Herunterladen der Grammatiktools. Wenn Sie diese Tools beispielsweise für automatische Silbentrennung oder das Hervorheben bestimmter Wörter benötigen, brauchen Sie nur einmalig auf den Download-Link klicken. Edge lädt dann die benötigten Funktionen herunter und kurz darauf finden Sie hier die gewohnten Grammatiktools für die Leseansicht wieder.

Konzentration durch Zeilenfokussierung

Eine weitere neue Funktion der Leseansicht soll beim konzentrierten Lesen längerer Text behilflich sein. Dabei fokussiert die Leseansicht jeweils nur einen kurzen Teil des gesamten Textes und blendet den Rest aus. Probieren Sie einfach mal aus, ob Ihnen diese Methode zu schnellerem und besserem Textverständnis verhilft.

1. Klicken Sie dazu in der Symbolleiste der Leseansicht auf *Lerntools* und dann auf die Rubrik *Leseeinstellungen*.

2. Aktivieren Sie den Schalter bei *Zeilenfokussierung*.

3. Sie werden dann sofort bemerken, dass in der Leseansicht der meiste Text bis auf eine Zeile ausgeblendet wird.

4. Mit den drei Schaltflächen können Sie festlegen, wie groß der jeweils sichtbare Teil des Textes sein soll.

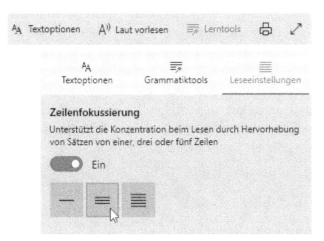

Die Zeilenfokussierung beendet sich automatisch, wenn Sie die Leseansicht schließen. Sie können Sie aber auch jederzeit wieder mit dem Schalter aus Schritt 2 abschalten.

Um den Fokus beim Lesen zu verschieben, benutzen Sie die Blättern-Symbole unten rechts. Sehr komfortabel geht es auch mit dem Scrollrad einer Maus oder per Touchpad bzw. Touchscreen. Das Blättern per Tastatur funktioniert nur, wenn die Symbolleiste der Leseansicht ausgeblendet ist (was aber möglicherweise ein Fehler ist, den Microsoft noch abstellt). Die Fokussierung passt sich beim Lesen automatisch an und erweitert sich beispielsweise, wenn ein Artikel Bilder enthält, die sonst nicht vollständig in den Fokusbereich passen würden.

PDFs besser lesen

Auch die Darstellung von PDF-Dateien im Edge-Browser wurde optimiert. Das gilt auch unter der Haube, wo die Geschwindigkeit bei Seitenaufbau erhöht wurde, was sich insbesondere bei umfangreichen Dokumenten zeigen sollte.

Vor allem aber wurde die Symbolleiste des PDF-Betrachters gefälliger gestaltet. Statt Symbolen gibt es nun für die weniger eindeutigen Funktionen Beschriftungen, die allerdings nur angezeigt werden, wenn das Fenster breit genug ist.

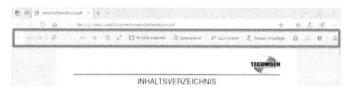

Kategorien in den Einstellungen

Da durch immer mehr Funktionen und Optionen die Edge-Einstellungen schon recht unübersichtlich wurden, war es höchste Zeit für eine Neugestaltung. Diese fällt sofort auf, wenn Sie das Menü des Browsers über das 3-Punkte-Symbol oben rechts aufrufen.

Zunächst einmal ist das Edge-Menü selbst übersichtlicher geworden, obwohl wieder neue Menüeinträge hinzugefügt wurden. Beispielsweise kann man die verschiedenen Seitenleisten für Verlauf oder Downloads nun direkt über das Menü abrufen. Erreicht wurde die Verschlankung dadurch, dass viele der seltener genutzten Funktionen in die Untermenüs *Weitere Tools* sowie *Hilfe und Feedback* ausgelagert wurden.

Die *Einstellungen* selbst bestanden bislang aus einem länglichen Menü, an das sich mit den *Erweiterten Einstellungen* ein weiteres längliches Menü anschloss. Stattdessen wurden alle Einstellungen nun recht sinnvoll in vier Rubriken aufgeteilt, die am linken Rand angewählt werden können. Keine der Rubriken umfasst auf einem typischen

Monitor mehr als zwei Bildschirmseiten, so dass man alle Einstellungen schnell findet.

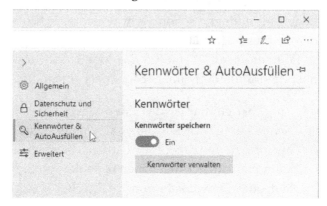

Edge startet als Standard-Browser automatisch

Eine weitere neue Funktion von Edge ist nicht ohne weiteres zu bemerken, kann sich aber auf die Leistung Ihres PCs auswirken: Wenn Sie Edge als Standardbrowser verwenden (bzw. neben Edge keinen weiteren Webbrowser wie Chrome oder Firefox installieren), wird Edge bei jedem Windows-Start im Hintergrund vorgeladen. Das bedeutet, die Anwendung wird einschließlich Erweiterungen gestartet, und die eingestellte Startseite sowie die Seite *Neuer Tab* vorbereitet. Das geschieht unsichtbar im Hintergrund. Wenn Sie Edge anschließend starten, muss er aber nicht mehr geladen werden und ist fast unmittelbar einsatzbereit.

Wer Edge ohnehin gern und viel nutzt, wird von dieser Funktion profitieren. Allerdings verlangsamt sich der Windows-Start dadurch insgesamt ein wenig. Wer Edge nur wenig nutzt, möchte dieses Verhalten deshalb eventuell verhindern. Das geht, indem man einen anderen Webbrowser als Standard-Browser auswählt:

1. Öffnen Sie in den Einstellungen die Rubrik *Apps/Standard-Apps*.

2. Suchen Sie auf der rechten Seite den Abschnitt *Webbrowser*.

3. Ist hier ein anderer Browser als Microsoft Edge eingetragen, brauchen Sie nichts weiter zu unternehmen.

4. Sollte Edge hier als Standard-Browser eingetragen sein, klicken Sie auf diesen Eintrag und wählen Sie einen der anderen angebotenen Webbrowser als Alternative aus.

Autostart per Registry verhindern

Wollen Sie Edge als Standard-Webbrowser beibehalten, können Sie den automatischen Hintergrundstart trotzdem vermeiden. Allerdings ist dafür ein Eingriff mit dem Registry-Editor erforderlich.

1. Starten Sie den Registrierungseditor (regedit.exe) und öffnen Sie darin den Schlüssel *HKEY_LOCAL_MACHINE\SOFTWARE\Policies\Microsoft\MicrosoftEdge\Main*.

2. Wenn Sie Unterschlüssel *MicrosoftEdge* und *Main* noch nicht vorhanden sind, legen Sie diese jeweils mit *Bearbeiten/Neu/Schlüssel* an.

3. Erstellen Sie dann im Unterschlüssel *Main* auf der rechten Seite mit *Bearbeiten/Neu/DWORD-Wert (32-Bit)* einen Eintrag namens *AllowPrelaunch*.

4. Der Wert bekommt standardmäßig den Wert 0, wodurch das Vorladen von Edge verhindert wird. Legen Sie den Wert stattdessen auf 1 fest oder entfernen den Eintrag wieder, wird Edge beim Windows-Start wieder mitgeladen.

5. Neues und Verändertes in den Einstellungen

Wie bei jedem Funktions-Update haben die Entwickler auch an den Einstellungen wieder herumgeschraubt und weitere Optionen aus der Systemsteuerung in die modernen, touch-freundlichen Einstellungen übernommen.

Einstellungen für HDR-Bildschirme

Bildschirme mit einem hohen Dynamikumfang finden zunehmend Verbreitung und Windows trägt dem Rechnung. In den Einstellungen finden sich nun Informationen zu den HDR-Fähigkeiten des Systems und grundlegende Steuermöglichkeiten.

1. Öffnen Sie die modernen Einstellungen in der Rubrik *System/Anzeige*.

2. Hier finden Sie nun einen neuen Abschnitt *Windows HD Color*.

   Windows HD Color

   Erhalten Sie ein helleres und lebendigeres Bild in HDR- und WCG-Videos, -Spielen und -Apps.
   Windows HD Color-Einstellungen

3. Mit einem Klick auf den Link *Windows HD Color-Einstellungen* öffnen Sie einen zusätzlichen Dialog.

4. Unter *Anzeige auswählen* stellen Sie zunächst den gewünschten Monitor ein (falls mehrere angeschlossen sind).

5. Sie sehen dann, welche HDR-Funktionen für dieses Gerät verfügbar sind und können diese ggf. steuern, beispielsweise um auf HDR zugunsten der Leistungsfähigkeit zu verzichten.

6. Mit dem Vorschauvideo unten können Sie die Auswirkungen der gewählten Einstellungen direkt prüfen.

7. Für Mobilgeräte besteht außerdem ganz unten die praktische Möglichkeit, HDR-Funktionen im Akkubetrieb zu beschränken, um eine längere Laufzeit zu erreichen.

Den Zugriff im Kioskmodus beschränken

Wer einen Windows-PC anderen zur eingeschränkten Nutzung bereitstellen möchte, findet im neuen Kioskmodus möglicherweise das richtige Werkzeug. Damit ist ein spezieller Betriebsmodus gemeint, in dem Windows direkt mit einer bestimmten Anwendung startet und den Zugriff auch auf diese beschränkt. So lässt sich der PC beispielsweise als öffentlicher Webbrowser oder zur Anzeige von Informationen nutzen, ohne dass die Benutzer Daten und Sicherheit gefährden könnten.

1. Öffnen Sie in den modernen Einstellungen die Rubrik *Konten/Familie und andere Benutzer*.

2. Klicken Sie auf der rechten Seite ganz unten im Abschnitt *Kiosk einrichten* auf *Zugewiesener Zugriff*.

3. Der so gestartete Assistent führt Sie durch die erforderlichen Einstellungen. Klicken Sie dazu auf *Erste Schritte*.

4. Legen Sie zunächst einen Namen für das zu erstellende lokale Benutzerkonto fest. Sie können auch den Vorschlag *Kiosk* übernehmen.

5. Wählen Sie dann aus, welche App als einzige im Kiosk-Modus verwendet werden darf. Für einen Webbrowser nehmen Sie beispielsweise *Microsoft Edge*. Klicken Sie dann auf *Weiter*.

6. Entscheiden Sie dann, ob der Browser eine bestimmte Webseite im Vollbildmodus anzeigen soll. Die Benutzer können dann nur auf dieser Seite surfen.

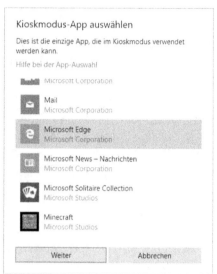

7. Alternativ können Sie einen öffentlichen Browser konfigurieren, der zumindest einige Funktionen bereitstellt und beispielsweise das Besuchen anderer Webseite erlaubt.

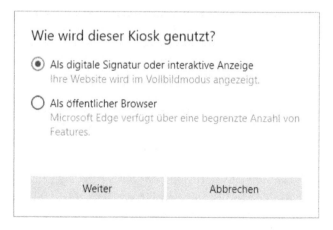

8. Haben Sie sich für eine Website im Vollbild ent-
   schieden, geben Sie anschließend die entsprechende Webadresse ein.

Geben Sie Ihre Website-URL ein

Dies ist die Website, die in Microsoft Edge geöffnet und im
Vollbildmodus angezeigt wird.

www.gieseke-buch.de

Weiter   Abbrechen

9. Dann können Sie den Assistenten *Schließen*.

Nach einem Neustart ist und bleibt der Kiosk-Modus
automatisch aktiv. Um ihn später zu beenden, drü-
cken Sie **[Strg] + [Alt] + [Ent]** und melden sich mit
Ihrem Benutzerkonto an. In den Einstellungen unter
Konten/Familie und andere Benutzer/Zugewiesener Zugriff
können Sie den Kioskmodus wieder deaktivieren.
Klicken Sie dazu unter *Kiosk-Info* auf den Namen des
Kiosk-Kontos und dann auf *Entfernen*.

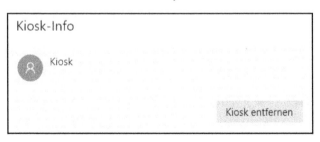

Audio-Geräte verwalten

Ein weiterer Schritt bei der Migration der Systemsteuerung in die modernen Einstellungen ist das Verwalten der Audiogeräte. Unter *System/Sound* finden Sie im Abschnitt *Sound* nun ganz unten einen Link *Audiogeräte verwalten*. Damit öffnen Sie einen Dialog, in dem Sie die verschiedenen vorhandenen Audioein- und -ausgänge testen und ggf. aktivieren oder deaktivieren können.

Datennutzung bei Mobilfunkverbindungen kontrollieren

Wer ein Tablet oder Notebook mit Mobilfunk-Adapter nutzt, kann in den Einstellungen nun das Datenvolumen kontrollieren. Hierzu berücksichtigt die Übersicht in den modernen Einstellungen unter

Netzwerk und Internet/Datennutzung ab sofort auch SIM-Karten. In der Übersicht oben wird das genutzte Datenvolumen der letzten 30 Tage angezeigt.

Darunter können Sie den Mobilfunk-adapter auswählen und bei Bedarf dafür ein *Limit festlegen*. Wenn Ihr Mobilfunkvertrag beispielsweise eine monatliche Begren-zung vorsieht, können Sie diese genau angeben. Windows sorgt dann dafür, dass das Volumen nicht überschritten wird

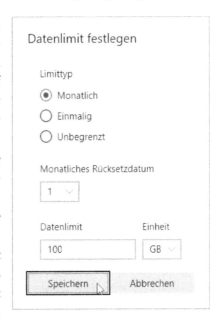

und informiert Sie beim Erreichen des Limits.

Windows-Sicherheit – mehr als ein neuer Name

Auch das Thema Sicherheit bleibt wie immer aktuell und Gegenstand von Veränderungen und Ergänzun-gen. Eine davon dürfte Gegner von Anglizismen be-sonders freuen: Der komplizierte Name „Windows Defender Security Center" weicht dem eingängliche-ren „Windows Sicherheit". Das ist zwar nur Kosme-tik, aber auch inhaltlich ist einiges passiert.

Neue Richtlinie für Antivirenprogramme

Mit diesem Funktions-Update führt Microsoft eine neue Richtlinie für Virenschutzprogrammen ein. Sie erfordert, dass Antivirenprogramme, die in der zentralen Sicherheits-App erfasst werden wollen, in einem geschützten Prozess laufen müssen. Das ist auch sinnvoll, aber voraussichtlich wird es eine Weile dauern, bis alle Anbieter diese Bedingung erfüllen.

Das Problem dabei: Programme, die diese Anforderung (noch) nicht erfüllen, werden von Windows nicht als solche anerkannt und in der Windows Sicherheit registriert. Das ist mehr als ein Schönheitsfehler, denn wenn kein Programm eines Fremdherstellers registriert ist, wird automatisch Echtzeitschutz des Windows Defender aktiviert. Dieser läuft dann ggf. parallel zum Antivirenprogramm und die beiden können sich gegenseitig stören.

Firewall fürs Linux-Subsystem

Das schon seit einiger Zeit integrierte Linux-Subsystem wird nun auch durch die Windows-Firewall überwacht. Wenn Sie im Subsystem Prozesse mit Internetzugriff starten, kommt dieselbe Abfrage wie beim ersten Start von Windows-Anwendungen und Sie können eine entsprechende Filterregel erstellen.

6. Dies und das – klein, aber fein

Wie immer bringt ein Windows 10 Funktions-Update jede Menge kleine Änderungen und Neuerungen mit sich, die sich nicht einem der großen Themengebiete zuschlagen lassen. Deshalb gibt es auch dieses Mal wieder ein Kapitel, wo alle diese Änderungen unter dem Motto „klein, aber fein" zusammengefasst sind.

Neues beim Notepad-Editor

Schon seit Windows-Urzeit ist ein simpler Texteditor – alten Windows-Hasen auch unter seinem englischen Namen notepad.exe bekannt – an Bord. An Funktionen ist er schon länger mehr oder weniger unverändert und ein solides Werkzeug für einfache Aufgaben.

Nun aber lernt dieser alte Hund doch noch ein paar neue Tricks. Einen davon unter der Haube, aber nicht unwichtig: Der Editor kann nun mit den abweichenden Zeilenumbrüchen in Dateien umgehen, die von Unix/Linux- bzw. Mac-Systemen stammen. Vorbei die Zeiten wo beispielsweise readme.txt-Dateien aus einem Download aus einer einzigen unlesbare langen Zeile bestanden.

Statuszeile

Vielleicht ist es Ihnen beim Verwenden des Editors schon aufgefallen: Die Statuszeile wird nicht nur immer angezeigt, sondern enthält nun auch zusätzliche Informationen. In der Mitte wird das automatisch erkannte Zeilenumbruchformat der aktuellen Datei angegeben. Rechts daneben lesen Sie die aktuelle Position der Einfügemarke in Zeile und Spalte ab. Ganz rechts schließlich wird die aktuelle Zoomstufe (siehe nachfolgender Abschnitt) angezeigt.

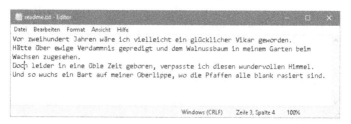

Größe der Textansicht schnell ändern

Die Größe der Textdarstellung ließ sich bislang nur umständlich über *Format/Schriftart ändern*. Nun reichen die Tastenkombinationen **[Strg] + [+]** bzw. **[Strg] + [-]**, um die Zeichen zu vergrößern bzw. zu verkleinern. **[Strg] + [0]** stellt jederzeit die Standardschriftgröße wieder her. Hierbei handelt es sich um eine echte Zoomfunktion, die also nicht das Schriftformat an sich verändert.

Suchen & Ersetzen

Im Suchdialog finden Sie nun die neue Option *Umschließen*. Die etwas unglückliche deutschsprachige Übersetzung meint: Erreicht die Suche das Ende des

Dokuments, wird sie am Anfang fortgesetzt, bis der Text einmal vollständig durchsucht wurde.

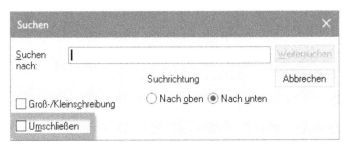

Noch ein Tipp für die Suchfunktion

Eine weitere Verbesserung der Suchfunktion, die sich nicht gleich erschließt: Wenn Sie im Editor Text markieren und dann den Suchdialog öffnen, wird der markierte Text automatisch in das Eingabefeld übernommen.

Alte Fehler endlich korrigiert

Nebenbei haben die Entwickler gleich noch ein paar Fehler bzw. Unzulänglichkeiten beseitigt, die viele Anwender schon lange geärgert bzw. ganz vom Verwenden des Editors abgehalten haben:

- Die Leistung insbesondere beim Öffnen sehr großer Dateien wurde erheblich verbessert.

- Mit der Tastenkombination **[Strg] + [Löschen]** kann man nun das gesamte Wort links neben der Einfügemarke auf einmal löschen, wie dies bei Editoren eigentlich schon lange Standard ist.

▷ Ein hartnäckiger Fehler, durch den ausgewählter Text beim Verwenden der Pfeiltasten nicht erst deselektiert wurde, ist beseitigt.

▷ Beim Speichern einer Datei wird die Positionsangabe der Einfügemarke in der Statuszeile nicht mehr auf 1 zurückgesetzt.

Neue App für Bildschirmfotos

Schon seit Windows Vista liefert Microsoft ein einfaches Programm für Bildschirmfotos mit. Dieses *Snipping Tool* ist auch noch dabei, allerdings soll es durch eine neue App mit erweitertem Funktionsumfang abgelöst werden. Damit lassen sich Bildschirmfotos flexibler erstellen, direkt nachbearbeiten und einfach mit anderen Apps und Kontakten teilen.

1. Um ein Bildschirmfoto zu erstellen, drücken Sie nun jederzeit die Tastenkombination **[Win] + [Umschalt] + [S]**.

2. Der Bild-
schirm wird
dann abge-
dunkelt und
am oberen Rand wird eine kleine Symbolleiste eingeblendet, wo Sie zwischen Rechteck-, Freiform- und Vollbildaufnahme wählen können.

▷ Für eine Rechteckaufnahme bewegen Sie den Mauszeiger auf eine der gewünschten Ecken des

Bereichs, halten die Maustaste gedrückt und ziehen dann zur gegenüberliegenden Ecke.

▷ Für eine Freiformaufnahme beginnen Sie ebenfalls mit gedrückter Maustaste an einer Ecke und fahren dann die gewünschte Form ab.

▷ Eine Vollbildaufnahme wird direkt beim Anklicken des Symbols erstellt, wobei die Symbolleiste selbst aber nicht auf dem so erstellten Bild sichtbar ist.

3. Nach der Aufnahme erhalten Sie eine Benachrichtigung im Infobereich. Mit einem Klick darauf öffnen Sie das Bild in der App *Ausschneiden und skizzieren*.

4. Hier finden Sie oben eine Symbolleiste mit verschiedenen Bearbeitungsmöglichkeiten wie Beschriftungen, Farbmarkern, Radierer oder Zuschneiden. Rechts oben können Sie das Bild in einer Datei speichern oder mit anderen teilen.

Updates bei Startproblemen deinstallieren

Sollten Windows-Updates zu Startproblemen führen, muss man diese entfernen, um wieder zu einem stabilen Windows zu gelangen. Das ging bislang nur mit einigen Klimmzügen und dem notwendigen Knowhow. Nun hat Microsoft eine Funktion dafür direkt in die Startoptionen integriert. Diese erscheinen beispielsweise automatisch, wenn der Systemstart zweimal in Folge misslingt.

1. Wählen Sie in diesem Fall unter *Erweiterte Optionen* den Punkt *Updates deinstallieren*.

2. Nun können Sie wählen, ob Sie das jüngste Qualitätsupdate oder das letzte Funktionsupdate entfernen möchten.

3. Windows startet dann neu und bittet Sie darum, ein Benutzerkonto auszuwählen und das dazugehörende Passwort einzugeben.

4. Dann können Sie das jeweils letzte Update deinstallieren lassen und testen, ob Windows anschließend wieder ordnungsgemäß startet.

Autovervollständigung im Registry-Editor

Auch beim Registry-Editor gibt es eine Neuerung, die man – einmal ausprobiert – nicht wieder missen möchte: Das Adressfeld des Editors beherrscht nun Autovervollständigung. Es schlägt also beim Tippen automatisch vor, welche Registry-Schlüssel in Frage kommen könnten.

1. Starten Sie den Registry-Editor wie gewohnt beispielsweise durch Eingaben von *regedit* im Suchfeld der Taskleiste.

2. Um einen Registry-Schlüssel einzugeben, tippen Sie nun einfach drauflos.

3. Der Editor schlägt Ihnen dann in einer Auswahlliste unterhalb des Eingabefeldes jeweils die in Frage kommenden Unterschlüssel vor.

4. Wählen Sie den gewünschten mit den Pfeiltasten aus. Er wird jeweils automatisch oben eingefügt.

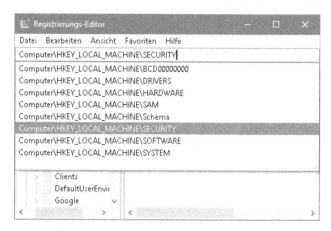

5. Hängen Sie dann jeweils ein \ an, um den Schlüssel abzuschließen. Die Auswahlliste zeigt dann dessen Unterschlüssel an.

Auf diese Weise können Sie auch längere Registry-Schlüssel bequem auswählen, ohne viel eintippen zu müssen.

Stromverbrauch im Task-Manager

Für die Benutzer von mobilen Geräten wie Notebooks und Tablets bietet der Task-Manager nun interessante Informationen über den Stromverbrauch einzelner Apps an. So ist es möglich, stromhungrige Apps einfach zu erkennen und ggf. zu deaktivieren, wenn es mal besonders auf die Laufzeit des Akkus ankommt.

1. Um die Verbrauchsdaten abzulesen, öffnen Sie den Task-Manager mit **[Strg] + [Umschalt] + [Esc]**.

2. Klicken Sie unten links ggf. auf *Mehr Details*, falls der Task-Manager auf die einfach Ansicht eingestellt ist.

3. In der Rubrik *Prozesse* finden Sie nun rechts zwei neue Spalten: *Stromverbrauch* gibt den aktuellen Verbrauch der einzelnen Prozesse in umgangssprachlichen Beschreibungen an. *Stromverbrauch (Trend)* mittelt den Verbrauch eines Prozesses über einen längeren Zeitraum, um eine verlässlichere Aussage treffen zu können.

4. Wie alle Spalten können Sie auch diese zum Sortieren der Prozessliste verwenden und erhalten so schnell eine Liste der stromhungrigsten Prozesse Ihres PCs.

Stromverbrauch	Stromverbrauch (Trend)
Niedrig	Niedrig
Sehr niedrig	
Sehr niedrig	Sehr niedrig
Sehr niedrig	Sehr niedrig
Sehr niedrig	Sehr niedrig
Sehr niedrig	Sehr niedrig
Sehr niedrig	Sehr niedrig

Akkustand von Bluetooth-Geräten ablesen

Viele Bluetooth-Geräte sind mit Akkus oder Batterien ausgestattet, die regelmäßig geladen bzw. getauscht werden müssen. Das merkt man spätestens, wenn bei einem Gerät nichts mehr geht. Besser ist es aber, vorsorglich nachzuschauen und die Stromversorgung rechtzeitig sicherzustellen. Dabei kann Windows ab sofort helfen, indem Sie den aktuellen Ladestand vieler Bluetooth-Geräte bequem in den Einstellungen ablesen können.

1. Öffnen Sie in den modernen Einstellungen die Rubrik *Geräte/Bluetooth*.

2. Hier finden Sie auf der rechten Seite eine Übersicht der verbundenen Bluetooth-Geräte.

3. Bei Geräten, die ihren Ladestand übermitteln, finden Sie jeweils ganz rechts die entsprechende Information über die verbleibende Kapazität.

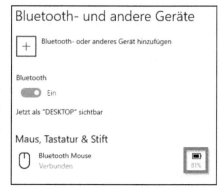

Speicheroptimierung für lokal verfügbare Cloud-Inhalte

Die automatische Speicheroptimierung sorgt für mehr freien Speicherplatz, entweder automatisch bei Bedarf oder manuell auf Ihren Wunsch. Eine neue zusätzliche Option bezieht dabei Cloud-Inhalte mit ein und löscht deren lokale Kopie, um dadurch Speicherplatz zu sparen.

Dabei geht nichts verloren, denn bei Bedarf werden benötigte Dateien wieder aus der Cloud beschafft. Allerdings kann der erste Zugriff darauf deshalb dann etwas länger dauern. Standardmäßig ist diese Funktion nicht aktiv, aber wenn Sie dringend Speicherplatz auf Ihrem Gerät benötigen, können Sie sie aktivieren

1. Öffnen Sie in den modernen Einstellungen die Rubrik *System/Speicher* und klicken Sie dort rechts auf *Automatische Freigabe von Speicherplatz ändern*.

2. Suchen Sie im anschließenden Dialog den Abschnitt *Lokal verfügbare Cloudinhalte*.

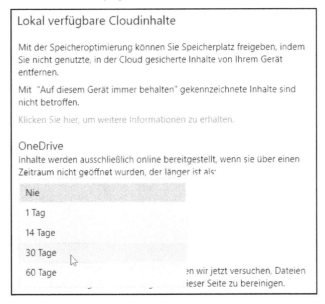

3. Die Speicherfreigabe berücksichtigt nur Dateien, die eine bestimmte Zeit lang nicht mehr geöffnet wurden. Mit dem Auswahlfeld legen Sie fest, wie groß dieser Zeitraum sein soll.

4. Sollen überhaupt keine lokal verfügbaren Cloud-Dateien gelöscht werden, belassen Sie es bei der Standardeinstellung *Nie*.

Datenträgerbereinigung kann Downloads löschen

Wer gerne die Datenträgerbereinigung zum Aufräumen der Festplatte nutzt, findet nun eine praktische zusätzliche Möglichkeit zum Freigeben von Speicher. Auf Wunsch wird auch der Download-Ordner mitgeleert. Das ist sinnvoll, da sich dort häufig Dateien ansammeln, die nicht mehr benötigt werden bzw. die bei Bedarf jederzeit erneut heruntergeladen werden könnte.

1. Öffnen Sie im Explorer das Kontextmenü des fraglichen Laufwerks und wählen Sie dort die *Eigenschaften*.

2. Klicken Sie dort in der Rubrik *Allgemein* auf die Schaltfläche *Bereinigen*.

3. Warten Sie kurz, bis der Dialog der Datenträgerbereinigung angezeigt wird.

4. Gehen Sie nun in der Liste *Zu löschende Dateien* nach unten, bis der Eintrag *Downloads* angezeigt wird. Rechts sehen Sie, wieviel Speicher der Inhalt dieses Ordners derzeit belegt.

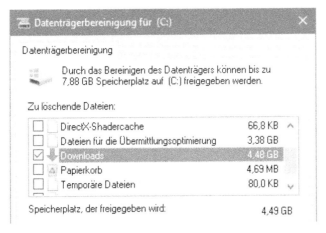

5. Möchten Sie die Downloads (mit) bereinigen, setzen Sie links neben diesem Eintrag ein Häkchen und fahren Sie fort.

Genauere Uhrzeit

Auf der Oberfläche ist davon nichts zu sehen, aber die Zeitfunktionen von Windows wurden verbessert. Dadurch unterstützt die innere Uhr von Windows nun auch Schaltsekunden, die gelegentlich eingefügt werden müssen. Außerdem wurde ein neues Präzisionszeitprotokoll mit Zeitstempeln eingeführt, wodurch die Systemuhr in Zukunft noch präziser laufen soll.

Zum Schluss...

...möchte ich Ihnen für Ihre Aufmerksamkeit danken. Ich hoffe, Sie haben auch in diesem Überblick über das Oktober 2018-Update wieder viel Neues und Interessantes entdecken und gewinnbringend nutzen können.

Wenn Sie Fragen haben, Feedback loswerden oder Ihre eigenen Erfahrungen teilen möchten, besuchen Sie mich im Internet unter **www.gieseke-buch.de**. Hier finden Sie auch weitere Informationen und Tipps zu diesem und anderen Themen meiner Bücher.

Eine Bitte in eigener Sache

Ich freue mich, wenn Sie Ihre positiven Eindrücke an andere interessierte Leser weitergeben, etwa durch **persönliche Empfehlungen**, **Rezensionen** auf einer der einschlägigen Plattformen oder auch durch Hinweise **in Foren oder sozialen Netzwerken**.

Dieser Titel ist ohne Marketing-Budget und Vertriebsstrukturen großer Verlage erschienen, denen das Thema nicht profitabel genug erschien. Deshalb ist **Mund-zu-Mund-Propaganda** besonders wichtig. Wenn Sie also der Meinung sind, dass dieses Buch auch für andere Leser interessant und hilfreich sein könnte, dann **sagen Sie es bitte weiter**.

Vielen Dank.

Stichwortverzeichnis

Antivirenprogramme 68

App-Modus 28

Audiogeräte 66

Ausschneiden und skizzieren 73

automatische Helligkeit 34

automatische Wiedergabe 45

Autoplay 46

Autostart 60

Autovervollständigung...75

Beste Websites...44

Bildschirmfotos 72

Bildschirmlupe...31

Bildschirmtastatur 29

Bluetooth-Geräte...77

Cloud 78

Cloud-Zwischenablage 11

Datei-Explorer..28

Datennutzung..66

Datenträgerbereinigung......................................80

Downloads...80

Dunkel...28

Edge

    automatische Wiedergabe..............................45

    Autostart 60

    Beste Websites 44

    Designs..52

    Grammatiktools 54

    Leseansicht..50

    PDF 56

    Sprungliste..42

    Standardbrowser..58

    Symbolleiste..41

Wörterbuch 50

Zeilenfokus 54

Eingabevorhersage 30

erweiterte Zwischenablage 10

Explorer 28

Firewall 68

Fokus 54

Gamebar 33

Grammatiktools 54

Handy 35

HDR 61

Helligkeit 34

Ihr Smartphone 35

Kacheln 25

Kioskmodus 63

Ladestand 78

Leseansicht 50

Linux-Subsystem 68

lokale Dateien 78

Mobilfunk 66

Mobiltelefon 35

Notepad 69

Ordnerkacheln 25

PDF in Edge 56

Registry-Editor 75

Screenshots 72

Sicherheit 67

Smartphone 35

SMS 39

Speicheroptimierung 78

Spielleiste 33

Sprungliste 42

Standardbrowser 58

Startmenü 25

Statistik 30

Stromverbrauch 76
Stromversorgung 78
Suchdialog 23
SwiftKey...29
Symbolleiste...41
Task-Leiste...23
Task-Manager..76
Tastatur 29
Texteditor..69
Textgröße 27
Touch-Tastatur 29
Uhrzeit..81
Updates 74
Verlauf löschen...21
Virenschutz...68
Webseiten am PC 39
Windows Defender...68
Windows HD Color..61
Windows Sicherheit..67
Windows-Firewall 68
Windows-Suche 23
Windows-Updates..74
Windows-Zwischenablage 9
Wörterbuch...50
Zeilenfokus 54
Zoom 27, 31
Zwischenablageverlauf..9